AF234856

Impressum
Verlag: BABADADA GmbH, Nedderfeld 112 , 22529 Hamburg
Geschäftsführer / Verlagsleitung: Harald Hof
Druck: Books on Demand GmbH, In de Tarpen 42, 22848 Norderstedt

Imprint
Publisher: BABADADA GmbH, Nedderfeld 112 , 22529 Hamburg, Germany
Managing Director / Publishing direction: Harald Hof
Print: Books on Demand GmbH, In de Tarpen 42, 22848 Norderstedt

el colegio
die Schule

el aula
das Klassenzimmer

dividir
dividieren

186/2

el pizarrón
die Tafel

el patio de la escuela
der Schulhof

el maestro
der Lehrer

el papel
das Papier

escribir
schreiben

la birome
der Stift

el escritorio
der Schreibtisch

la regla
das Lineal

el libro
das Buch

el alumno
die Schüler

la mochila

die Schultasche

la caja de lápices

die Federmappe

el lápiz

der Bleistift

el sacapuntas

der Bleistiftspitzer

la goma (de borrar)

der Radierer

el bloc de dibujo

der Zeichenblock

el dibujo

die Zeichnung

el pincel

der Pinsel

la caja de pinturas

der Malkasten

la tijera

die Schere

el pegamento

der Klebstoff

el cuaderno de ejercicios

das Übungsheft

la tarea

die Hausübung

el número

die Zahl

sumar

addieren

restar

subtrahieren

multiplicar

multiplizieren

calcular

rechnen

la letra

der Buchstabe

el abecedario

das Alphabet

la palabra

das Wort

el texto

der Text

leer

lesen

la tiza

die Kreide

la lección

die Unterrichtsstunde

el cuaderno de clase

das Klassenbuch

el examen

die Prüfung

el certificado

das Zeugnis

el uniforme escolar

die Schuluniform

la educación

die Ausbildung

la enciclopedia

das Lexikon

la universidad

die Universität

el microscopio

das Mikroskop

el mapa

die Karte

el tacho (de basura)

der Papierkorb

el hotel
das Hotel

el hostel
die Jugendherberge

la casa de cambio
die Wechselstube

la valija
der Koffer

el auto
das Auto

el idioma

die Sprache

sí / no

ja / nein

Está bien

Okay

hola

Hallo

el traductor

die Dolmetscherin

Gracias

Danke

¿cuánto cuesta…?

Wie viel kostet …?

No entiendo

Ich verstehe nicht.

el problema

das Problem

¡Buenas tardes!

Guten Abend!

¡Buenos días!

Guten Morgen!

¡Buenas noches!

Gute Nacht!

el adiós

Auf Wiederschaun!

la dirección

die Richtung

el equipaje

das Gepäck

el bolso

die Tasche

la mochila

der Rucksack

el invitado

der Gast

la habitación

das Zimmer

la bolsa de dormir

der Schlafsack

la carpa

das Zelt

el viaje - die Reise

la información turística

die Touristeninformation

la playa

der Strand

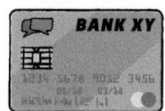

la tarjeta de crédito

die Kreditkarte

el desayuno

das Frühstück

el almuerzo

das Mittagessen

la cena

das Abendessen

el pasaje

die Fahrkarte

el ascensor

der Lift

el sello

die Briefmarke

la frontera

die Grenze

la aduana

der Zoll

la embajada

die Botschaft

la visa

das Visum

el pasaporte

der Pass

el transporte
der Transport

el avión
das Flugzeug

el barco
das Schiff

la autobomba
das Feuerwehrauto

el colectivo
der Bus

el camión
der Lastwagen

la lancha a motor
das Motorboot

la bicicleta
das Fahrrad

el auto
das Auto

el ferry
die Fähre

el bote
das Boot

la moto
das Motorrad

el patrullero
das Polizeiauto

el auto de carreras
das Rennauto

el auto de alquiler
der Mietwagen

el alquiler de autos

das Carsharing

la grúa

der Abschleppwagen

el camión de la basura

der Müllwagen

el motor

der Motor

la nafta

der Kraftstoff

la estación de servicio

die Tankstelle

la señal de tránsito

das Verkehrsschild

el tránsito

der Verkehr

el embotellamiento

der Stau

el estacionamiento

der Parkplatz

la estación de tren

der Bahnhof

las vías

die Schienen

el tren

der Zug

el tranvía

die Straßenbahn

el vagón

der Wagon

el helicóptero

der Hubschrauber

el aeropuerto

der Flughafen

la torre

der Tower

el pasajero

der Passagier

el contenedor

der Container

la caja de cartón

der Karton

la carretilla

der Rollwagen

la canasta

der Korb

despegar / aterrizar

starten / landen

la ciudad

die Stadt

el pueblo

das Dorf

el centro de la ciudad

das Stadtzentrum

la casa

das Haus

el cine
das Kino

la publicidad
die Werbung

el farol
die Straßenlaterne

la calle
die Straße

el taxi
das Taxi

el kiosco
der Kiosk

el peatón
der Fußgänger

la vereda
der Gehsteig

el paso peatonal
der Zebrastreifen

contenedor de basura
Mülltonne

el cruce
die Kreuzung

el semáforo
die Ampel

la cabaña
die Hütte

el departamento
die Wohnung

la estación de tren
der Bahnhof

la municipalidad
das Rathaus

el museo
das Museum

el colegio
die Schule

la universidad

die Universität

el banco

die Bank

el hospital

das Spital

el hotel

das Hotel

la farmacia

die Apotheke

la oficina

das Büro

la librería

die Buchhandlung

el negocio

das Geschäft

la florería

der Blumenladen

el supermercado

der Supermarkt

el mercado

der Markt

las grandes tiendas

das Kaufhaus

la pescadería

der Fischhändler

el centro comercial

das Einkaufszentrum

el puerto

der Hafen

el parque

der Park

el banco

die Bank

el puente

die Brücke

las escaleras

die Stiege

el subte

die U-Bahn

el túnel

der Tunnel

la parada del colectivo

die Bushaltestelle

el bar

die Bar

el restaurante

das Restaurant

el buzón

der Briefkasten

el letrero

das Straßenschild

el parquímetro

die Parkuhr

el zoológico

der Zoo

la pileta

die Badeanstalt

la mezquita

die Moschee

la granja

der Bauernhof

la contaminación

die Umweltverschmutzung

el cementerio

der Friedhof

la iglesia

die Kirche

los juegos infantiles

der Spielplatz

el templo

der Tempel

el paisaje
die Landschaft

la hoja
das Blatt

el poste indicador
der Wegweiser

el camino
der Weg

la pradera
die Wiese

la piedra
der Stein

el excursionista
der Wanderer

el árbol
der Baum

el río
der Fluss

la hierba
das Gras

la flor
die Blume

el valle

das Tal

la montaña

der Hügel

el lago

der See

el bosque

der Wald

el desierto

die Wüste

el volcán

der Vulkan

el castillo

das Schloss

el arco iris

der Regenbogen

el champiñón

der Pilz

la palmera

die Palme

el mosquito

der Moskito

la mosca

die Fliege

la hormiga

die Ameise

la abeja

die Biene

la araña

die Spinne

el escarabajo

der Käfer

la rana

der Frosch

la ardilla

das Eichhörnchen

el erizo

der Igel

la liebre

der Hase

la lechuza

die Eule

el pájaro

die Vogel

el cisne

der Schwan

el jabalí

das Wildschwein

el ciervo

der Hirsch

el alce

der Elch

la presa

der Staudamm

el aerogenerador

das Windrad

el panel solar

das Solarmodul

el clima

das Klima

el mozo
der Kellner

el menú
die Speisekarte

la silla
der Sessel

la sopa
die Suppe

la pizza
die Pizza

los cubiertos
das Besteck

el mantel
die Tischdecke

la entrada
die Vorspeise

el plato principal
das Hauptgericht

el postre
die Nachspeise

las bebidas
die Getränke

la comida
das Essen

la botella
die Flasche

la comida rápida

das Fastfood

la comida callejera

das Streetfood

la tetera

die Teekanne

la azucarera

die Zuckerdose

la porción

die Portion

la cafetera expreso

die Espressomaschine

la sillita alta

der Kinderstuhl

la cuenta

die Rechnung

la bandeja

das Tablett

el cuchillo

das Messer

el tenedor

die Gabel

la cuchara

der Löffel

la cucharita

der Teelöffel

la servilleta

die Serviette

el vaso

das Glas

el plato

der Teller

el plato hondo

der Suppenteller

el plato

die Untertasse

la salsa

die Sauce

el salero

der Salzstreuer

el molinillo de pimienta

die Pfeffermühle

el vinagre

der Essig

el aceite

das Öl

las especias

die Gewürze

el kétchup

das Ketchup

la mostaza

der Senf

la mayonesa

die Mayonnaise

el supermercado
der Supermarkt

la oferta especial
das Angebot

el cliente
der Kunde

los lácteos
die Milchprodukte

la fruta
das Obst

el changuito
der Einkaufswagen

la carnicería
die Schlachterei

la panadería
die Bäckerei

pesar
wiegen

las verduras
das Gemüse

la carne
das Fleisch

los alimentos congelados
die Tiefkühlkost

los fiambres

der Aufschnitt

los alimentos enlatados

die Konserven

el detergente en polvo

das Waschmittel

las golosinas

die Süßigkeiten

los electrodomésticos

die Haushaltsartikel

los productos de limpieza

das Reinigungsmittel

la vendedora

die Verkäuferin

la caja

die Kassa

el cajero

die Kassiererin

la lista de compras

die Einkaufsliste

el horario de atención

die Öffnungszeiten

la billetera

die Brieftasche

la tarjeta de crédito

die Kreditkarte

la cartera

die Tasche

la bolsa de plástico

die Plastiktüte

las bebidas

die Getränke

el agua

das Wasser

el jugo

der Saft

la leche

die Milch

la bebida cola

die Cola

el vino

der Wein

la cerveza

das Bier

el alcohol

der Alkohol

el cacao

der Kakao

el té

der Tee

el café

der Kaffee

el café expreso

der Espresso

el cappuccino

der Cappuccino

la banana

die Banane

la manzana

der Apfel

la naranja

die Orange

el melón

die Melone

el limón

die Zitrone

la zanahoria

die Karotte

el ajo

der Knoblauch

el bambú

der Bambus

la cebolla

die Zwiebel

el champiñón

der Pilz

las nueces

die Nüsse

los fideos

die Nudeln

los tallarines

die Spaghetti

el arroz

der Reis

la ensalada

der Salat

las papas fritas

die Pommes frites

las papas fritas

die Bratkartoffeln

la pizza

die Pizza

la hamburguesa

der Hamburger

el sándwich

das Sandwich

el churrasco

das Schnitzel

el jamón

der Schinken

el salame

die Salami

la salchicha

die Wurst

el pollo

das Huhn

el asado

der Braten

el pescado

der Fisch

la comida - das Essen

los copos de avena

die Haferflocken

el muesli

das Müsli

los copos de maíz

die Cornflakes

la harina

das Mehl

la medialuna

das Croissant

el pancito

die Semmel

el pan

das Brot

la tostada

der Toast

las galletitas

die Kekse

la manteca

die Butter

la cuajada

der Topfen

la torta

der Kuchen

el huevo

das Ei

el huevo frito

das Spiegelei

el queso

der Käse

el helado

die Eiscreme

el azúcar

der Zucker

la miel

der Honig

la mermelada

die Marmelade

la pasta de chocolate

der Schokoladenaufstrich

el curry

das Curry

la granja
das Bauernhaus

el fardo de paja
der Strohballen

el granero
die Scheune

el campo
das Feld

el caballo
das Pferd

el remolque
der Anhänger

el potrillo
das Fohlen

el tractor
der Traktor

el burro
der Esel

la oveja
das Schaf

el cordero
das Lamm

la cabra
die Ziege

la vaca
die Kuh

el ternero
das Kalb

el cerdo
das Schwein

el lechón
das Ferkel

el toro
der Stier

el ganso

die Gans

el pato

die Ente

el pollo

das Küken

la gallina

das Huhn

el gallo

der Hahn

la rata

die Ratte

el gato

die Katze

el ratón

die Maus

el buey

der Ochse

el perro

der Hund

la cucha

die Hundehütte

la manguera

der Gartenschlauch

la regadera

die Gießkanne

la guadaña

die Sense

el arado

der Pflug

la granja - der Bauernhof

la hoz

die Sichel

la azada

die Hacke

la horquilla

die Mistgabel

el hacha

die Axt

la carretilla

die Schubkarre

el abrevadero

der Trog

la lechera

die Milchkanne

la bolsa

der Sack

la reja

der Zaun

el establo

der Stall

el invernadero

das Treibhaus

el suelo

der Boden

la semilla

die Saat

el fertilizador

der Dünger

la cosechadora

der Mähdrescher

cosechar

ernten

la cosecha

die Ernte

las batatas

die Yamswurzel

el trigo

der Weizen

la soja

das Soja

la papa

der Erdapfel

el maíz

der Mais

la semilla de colza

der Raps

el árbol frutal

der Obstbaum

la mandioca

der Maniok

los cereales

das Getreide

la chimenea
der Schornstein

el techo
das Dach

el caño de desagüe
die Regenrinne

la ventana
das Fenster

el garaje
die Garage

el timbre
die Klingel

la puerta
die Tür

el tacho de basura
der Abfallkübel

el buzón
der Briefkasten

el jardín
der Garten

el living
das Wohnzimmer

el baño
das Badezimmer

la cocina
die Küche

el dormitorio
das Schlafzimmer

el cuarto de los chicos
das Kinderzimmer

el comedor
das Esszimmer

el piso

der Boden

la pared

die Wand

el cielorraso

die Decke

el sótano

der Keller

el sauna

die Sauna

el balcón

der Balkon

la terraza

die Terrasse

la pileta

das Schwimmbad

la cortadora de pasto

der Rasenmäher

la sábana

der Bettbezug

el acolchado

die Bettdecke

la cama

das Bett

la escoba

der Besen

el balde

der Kübel

el interruptor

der Schalter

el empapelado
die Tapete

la imagen
das Bild

la lámpara
die Lampe

el estante
das Regal

el armario
der Schrank

la chimenea
der Kamin

la televisión
der Fernseher

la flor
die Blume

el almohadón
der Polster

el sofá
das Sofa

el florero
die Vase

el control remoto
die Fernbedienung

la alfombra
der Teppich

la cortina
der Vorhang

la mesa
der Tisch

la silla
der Sessel

la mecedora
der Schaukelstuhl

el sillón
der Sessel

el libro

das Buch

la frazada

die Decke

la decoración

die Dekoration

la leña

das Feuerholz

la película

der Film

el equipo de música

die Stereoanlage

la llave

der Schlüssel

el diario

die Zeitung

la pintura

das Gemälde

el póster

das Poster

la radio

das Radio

el cuaderno

der Notizblock

la aspiradora

der Staubsauger

el cactus

der Kaktus

la vela

die Kerze

la heladera
der Kühlschrank

el microondas
die Mikrowelle

la balanza de cocina
die Küchenwaage

la tostadora
der Toaster

el detergente
das Reinigungsmittel

el horno
der Backofen

el freezer
das Gefrierfach

el tacho de basura
der Abfallkübel

el lavaplatos
der Geschirrspüler

la cocina
der Herd

la olla
der Topf

la olla de hierro fundido
der Eisentopf

el wok
der Wok / Kadai

la sartén
die Pfanne

la pava
der Wasserkocher

la vaporera

der Dampfgarer

la bandeja de horno

das Backblech

la vajilla

das Geschirr

la taza

der Becher

el bol

die Schale

los palitos

die Essstäbchen

el cucharón

der Schöpflöffel

la espátula

der Pfannenwender

la batidora

der Schneebesen

el colador

das Kochsieb

el colador

das Sieb

el rallador

die Reibe

el mortero

der Mörser

la parrilla

der Grill

la fogata

das Kaminfeuer

la tabla de picar

das Schneidebrett

el palo de amasar

das Nudelholz

el sacacorchos

der Korkenzieher

la lata

die Dose

el abrelatas

der Dosenöffner

la manopla

der Topflappen

la pileta

das Waschbecken

el cepillo

die Bürste

la esponja

der Schwamm

la batidora

der Mixer

el congelador

die Gefriertruhe

la mamadera

die Babyflasche

la canilla

der Wasserhahn

el baño

das Badezimmer

la ducha
die Dusche

la calefacción
die Heizung

la toalla
das Handtuch

la cortina de la ducha
der Duschvorhang

el baño de espuma
das Schaumbad

la bañadera
die Badewanne

el vaso
das Glas

el lavarropas
die Waschmaschine

la canilla
der Wasserhahn

las baldosas
die Fliesen

la pelela
der Nachttopf

la pileta
das Waschbecken

el inodoro
das Klo

la letrina
die Hocktoilette

el bidé
das Bidet

el mingitorio
das Pissoir

el papel higiénico
das Klopapier

el cepillo para el inodoro
die Klobürste

38   el baño - das Badezimmer

el cepillo de dientes

die Zahnbürste

el dentífrico

die Zahnpasta

el hilo dental

die Zahnseide

lavar

waschen

la ducha de mano

die Handbrause

la ducha higiénica

die Intimdusche

la palangana

die Waschschüssel

el cepillo para la espalda

die Rückenbürste

el jabón

die Seife

el gel de ducha

das Duschgel

el shampoo

das Shampoo

la toallita

der Waschlappen

el desagüe

der Abfluss

la crema

die Creme

el desodorante

das Deodorant

el baño - das Badezimmer

el espejo

der Spiegel

el espejito

der Kosmetikspiegel

la maquinita de afeitar

der Rasierer

la espuma de afeitar

der Rasierschaum

el aftershave

das Rasierwasser

el peine

der Kamm

el cepillo

die Bürste

el secador de pelo

der Föhn

el spray

das Haarspray

el maquillaje

das Makeup

el lápiz de labios

der Lippenstift

el esmalte para uñas

der Nagellack

el algodón

die Watte

la tijera para uñas

die Nagelschere

el perfume

das Parfum

el baño - das Badezimmer

el portacosméticos

der Kulturbeutel

la banqueta

der Hocker

la balanza

die Waage

la bata

der Bademantel

los guantes de goma

die Gummihandschuhe

el tampón

das Tampon

la toallita femenina

die Damenbinde

el baño químico

die Chemietoilette

el despertador
der Wecker

el peluche
das Kuscheltier

el coche de juguete
das Spielzeugauto

el sonajero
die Rassel

la casa de muñecas
das Puppenhaus

el regalo
das Geschenk

el globo
der Ballon

la cama
das Bett

el cochecito
der Kinderwagen

las cartas
das Kartenspiel

el rompecabezas
das Puzzle

la historieta
der Comic

las piezas de lego

die Legosteine

los ladrillos de juguete

die Bausteine

la figura de acción

die Actionfigur

el enterito (de bebé)

der Strampelanzug

el frisbee

das Frisbee

el móvil para bebés

das Mobile

el juego de mesa

das Brettspiel

los dados

der Würfel

el tren eléctrico

die Modelleisenbahn

el chupete

der Schnuller

la fiesta

die Party

el libro de cuentos ilustrado

das Bilderbuch

la pelota

der Ball

la muñeca

die Puppe

jugar

spielen

el arenero

der Sandkasten

la hamaca

die Schaukel

los juguetes

das Spielzeug

la consola de videojuegos

die Spielkonsole

el triciclo

das Dreirad

el osito de peluche

der Teddy

el armario

der Kleiderschrank

la ropa

die Kleidung

las medias

die Socken

las medias panty

die Strümpfe

las calzas

die Strumpfhose

la bufanda
der Schal

el paraguas
der Regenschirm

la remera
das T-Shirt

el cinturón
der Gürtel

las botas
die Stiefel

las pantuflas
die Hausschuhe

las zapatillas
die Turnschuhe

las sandalias
die Sandalen

los zapatos
die Schuhe

las botas de goma
die Gummistiefel

la ropa interior
die Unterhose

el corpiño
der Büstenhalter

el chaleco
das Unterhemd

el body

der Body

los pantalones

die Hose

los jeans

die Jeans

la pollera

der Rock

la blusa

die Bluse

la camisa

das Hemd

el pulóver

der Pullover

el buzo

der Kapuzenpullover

el blazer

der Blazer

la campera

die Jacke

el tapado

der Mantel

el piloto

der Regenmantel

el traje

das Kostüm

el vestido

das Kleid

el vestido de novia

das Hochzeitskleid

el traje

der Anzug

el camisón

das Nachthemd

el pijama

der Pyjama

el sari

der Sari

el pañuelo para la cabeza

das Kopftuch

el turbante

der Turban

la burka

die Burka

el caftán

der Kaftan

la abaya

die Abaya

el traje de baño

der Badeanzug

el short de baño

die Badehose

los shorts

die kurze Hose

el jogging

der Jogginganzug

el delantal

die Schürze

los guantes

die Handschuhe

el botón

der Knopf

los anteojos

die Brille

la pulsera

das Armband

el collar

die Halskette

el anillo

der Ring

el aro

der Ohrring

la gorra

die Mütze

la percha

der Kleiderbügel

el sombrero

der Hut

la corbata

die Krawatte

el cierre

der Reißverschluss

el casco

der Helm

los tiradores

der Hosenträger

el uniforme escolar

die Schuluniform

el uniforme

die Uniform

el babero
das Lätzchen

el chupete
der Schnuller

el pañal
die Windel

la oficina
das Büro

el servidor
der Server

el archivero
der Aktenschrank

la impresora
der Drucker

el papel
das Papier

el monitor
der Monitor

el escritorio
der Schreibtisch

el mouse
die Maus

la carpeta
der Ordner

el teclado
die Tastatur

el tacho (de basura)
der Papierkorb

la silla
der Sessel

la computadora
der Computer

la taza de café
der Kaffeebecher

la calculadora
der Taschenrechner

el internet
das Internet

la laptop

der Laptop

la carta

der Brief

el mensaje

die Nachricht

el celular

das Handy

la red

das Netzwerk

la fotocopiadora

der Kopierer

el software

die Software

el teléfono

das Telefon

el tomacorriente

die Steckdose

el fax

das Fax

el formulario

das Formular

el documento

das Dokument

comprar

kaufen

pagar

bezahlen

hacer negocios

handeln

el dinero

das Geld

el dólar

der Dollar

el euro

der Euro

el yen

der Yen

el rublo

der Rubel

el franco suizo

der Franken

el yuan

der Renminbi Yuan

la rupia

die Rupie

el cajero automático

der Bankomat

la casa de cambio

die Wechselstube

el oro

das Gold

la plata

das Silber

el petróleo

das Öl

la energía

die Energie

el precio

der Preis

el contrato

der Vertrag

el impuesto

die Steuer

la acción

die Aktie

trabajar

arbeiten

el empleado

der Angestellte

el empleador

der Arbeitgeber

la fábrica

die Fabrik

el negocio

das Geschäft

el policía
der Polizist

el bombero
der Feuerwehrmann

el cocinero
der Koch

el médico
die Ärztin

el piloto
der Pilot

el jardinero
der Gärtner

el carpintero
der Tischler

la modista
die Schneiderin

el juez
der Richter

el farmacéutico
die Chemikerin

el actor
der Schauspieler

el colectivero

der Busfahrer

el taxista

der Taxifahrer

el pescador

der Fischer

la mucama

die Putzfrau

el techista

der Dachdecker

el mozo

der Kellner

el cazador

der Jäger

el pintor

der Maler

el panadero

der Bäcker

el electricista

der Elektriker

el albañil

der Bauarbeiter

el ingeniero

der Ingenieur

el carnicero

der Schlachter

el plomero

der Installateur

el cartero

die Briefträgerin

el soldado

der Soldat

el arquitecto

der Architekt

el cajero

die Kassiererin

el florista

die Blumenhändlerin

el peluquero

der Friseur

el cobrador

der Schaffner

el mecánico

der Mechaniker

el capitán

der Kapitän

el dentista

die Zahnärztin

el científico

der Wissenschaftler

el rabino

der Rabbi

el imán

der Imam

el monje

der Mönch

el sacerdote

der Pfarrer

el martillo
der Hammer

la tenaza
die Zange

el destornillador
der Schraubenzieher

la llave
der Schraubenschlüssel

la linterna
die Taschenlam

la excavadora
der Bagger

la caja de herramientas
der Werkzeugkasten

la escalera portátil
die Leiter

la sierra
die Säge

los clavos
die Nägel

el taladro
der Bohrer

arreglar

reparieren

la pala de jardín

die Schaufel

¡Qué bronca!

Scheiße!

la pala de plástico

die Kehrschaufel

el tacho de pintura

der Farbtopf

los tornillos

die Schrauben

los instrumentos musicales
die Musikinstrumente

la batería
das Schlagzeug

el parlante
der Lautsprecher

la guitarra
die Gitarre

el contrabajo
der Kontrabass

la trompeta
die Trompete

el piano

das Klavier

el violín

die Violine

el bajo

der Bass

los timbales

die Pauke

el tambor

die Trommeln

el teclado

die Tastatur

el saxofón

das Saxophon

la flauta

die Flöte

el micrófono

das Mikrofon

la entrada
der Eingang

el tigre
der Tiger

la jaula
der Käfig

la cebra
das Zebra

el alimento para animales
das Tierfutter

el oso panda
der Panda

los animales
die Tiere

el elefante
der Elefant

el canguro
das Känguru

el rinoceronte
das Nashorn

el gorila
der Gorilla

el oso
der Bär

el camello

das Kamel

el avestruz

der Strauß

el león

der Löwe

el mono

der Affe

el flamenco

der Flamingo

el loro

der Papagei

el oso polar

der Eisbär

el pingüino

der Pinguin

el tiburón

der Hai

el pavo real

der Pfau

la serpiente

die Schlange

el cocodrilo

das Krokodil

el cuidador del zoológico

der Zoowärter

la foca

die Robbe

el jaguar

der Jaguar

el poni

das Pony

el leopardo

der Leopard

el hipopótamo

das Nilpferd

la jirafa

die Giraffe

el águila

der Adler

el jabalí

das Wildschwein

el pescado

der Fisch

la tortuga

die Schildkröte

la morsa

das Walross

el zorro

der Fuchs

la gacela

die Gazelle

el fútbol americano
das American Football

el ciclismo
das Radfahren

el tenis
das Tennis

el básquet
der Basketball

la natación
das Schwimmen

el boxeo
das Boxen

el hockey sobre hielo
das Eishockey

el fútbol
der Fußball

el bádminton
das Badminton

el atletismo
die Leichtathletik

el handball
der Handball

el esquí
das Skifahren

el polo
das Polo

saltar
springen

reír
lachen

abrazar
umarmen

caminar
gehen

cantar
singen

soñar
träumen

rezar
beten

besar
küssen

escribir
schreiben

dibujar
zeichnen

mostrar
zeigen

presionar
drücken

dar
geben

tomar
nehmen

tener
....
haben

hacer
....
machen

ser
....
sein

estar parado
....
stehen

correr
....
laufen

tirar
....
ziehen

tirar
....
werfen

caer
....
fallen

estar acostado
....
liegen

esperar
....
warten

llevar
....
tragen

estar sentado
....
sitzen

vestirse
....
anziehen

dormir
....
schlafen

despertar
....
aufwachen

mirar

ansehen

llorar

weinen

acariciar

streicheln

peinar

frisieren

hablar

reden

entender

verstehen

preguntar

fragen

escuchar

hören

beber

trinken

comer

essen

ordenar

zusammenräumen

amar

lieben

cocinar

kochen

manejar

fahren

volar

fliegen

navegar

segeln

calcular

rechnen

leer

lesen

aprender

lernen

trabajar

arbeiten

casarse

heiraten

coser

nähen

cepillarse los dientes

Zähne putzen

matar

töten

fumar

rauchen

enviar

senden

la abuela
die Großmutter

el abuelo
der Großvater

el padre
der Vater

la madre
die Mutter

el bebé
das Baby

la hija
die Tochter

el hijo
der Sohn

el invitado

der Gast

la tía

die Tante

el tío

der Onkel

el hermano

der Bruder

la hermana

die Schwester

la frente
die Stirn

el ojo
das Auge

el hombro
die Schulter

el dedo
der Finger

la cara
das Gesicht

la pera
das Kinn

la mano
die Hand

el pecho
die Brust

la pierna
das Bein

el brazo
der Arm

el bebé
das Baby

el hombre
der Mann

la mujer
die Frau

la nena
das Mädchen

el nene
der Junge

la cabeza
der Kopf

la espalda

der Rücken

la panza

der Bauch

el ombligo

der Nabel

el dedo del pie

der Zeh

el talón

die Ferse

el hueso

der Knochen

la cadera

die Hüfte

la rodilla

das Knie

el codo

der Ellbogen

la nariz

die Nase

la cola

das Gesäß

la piel

die Haut

el cachete

die Wange

la oreja

das Ohr

el labio

die Lippe

el cuerpo - der Körper

la boca

der Mund

el diente

der Zahn

la lengua

die Zunge

el cerebro

das Gehirn

el corazón

das Herz

el músculo

der Muskel

el pulmón

die Lunge

el hígado

die Leber

el estómago

der Magen

los riñones

die Nieren

el sexo

der Geschlechtsverkehr

el preservativo

das Kondom

el óvulo

die Eizelle

el semen

das Sperma

el embarazo

die Schwangerschaft

la menstruación

die Menstruation

la vagina

die Vagina

el pene

der Penis

la ceja

die Augenbraue

el pelo

das Haar

el cuello

der Hals

el hospital
das Spital

la ambulancia
die Rettung

la silla de ruedas
der Rollstuhl

la fractura
der Bruch

el médico

die Ärztin

la sala de guardia

die Notaufnahme

la enfermera

die Krankenschwester

la emergencia

der Notfall

inconsciente

ohnmächtig

el dolor

der Schmerz

la lesión

die Verletzung

la hemorragia

die Blutung

el infarto

der Herzinfarkt

el ACV

der Schlaganfall

la alergia

die Allergie

la tos

der Husten

la fiebre

das Fieber

la gripe

die Grippe

la diarrea

der Durchfall

el dolor de cabeza

die Kopfschmerzen

el cáncer

der Krebs

la diabetes

die Diabetes

el cirujano

der Chirurg

el bisturí

das Skalpell

la operación

die Operation

la TC

das CT

los rayos x

das Röntgen

la ecografía

der Ultraschall

el barbijo

die Maske

la enfermedad

die Krankheit

la sala de espera

das Wartezimmer

la muleta

die Krücke

la curita

das Pflaster

la venda

der Verband

la inyección

die Injektion

el estetoscopio

das Stethoskop

la camilla

die Trage

el termómetro

das Thermometer

el nacimiento

die Geburt

el sobrepeso

das Übergewicht

el audífono

das Hörgerät

el desinfectante

das Desinfektionsmittel

la infección

die Infektion

el virus

das Virus

el VIH / SIDA

das HIV / AIDS

el remedio

die Medizin

la vacunación

die Impfung

los comprimidos

die Tabletten

la pastilla anticonceptiva

die Pille

la llamada de emergencia

der Notruf

el tensiómetro

der Blutdruckmesser

enfermo / sano

krank / gesund

¡Ayuda!

Hilfe!

la alarma

der Alarm

la agresión

der Überfall

el ataque

der Angriff

el peligro

die Gefahr

la salida de emergencia

der Notausgang

¡Fuego!

Feuer!

el matafuego

der Feuerlöscher

el accidente

der Unfall

el botiquín de primeros
auxilios

der Erste-Hilfe-Koffer

el SOS

SOS

la policía

die Polizei

Europa

das Europa

América del Norte

das Nordamerika

América del Sur

das Südamerika

África

das Afrika

Asia

das Asien

Australia

das Australien

el Atlántico

der Atlantik

el Pacífico

der Pazifik

el Océano Índico

der Indische Ozean

el Océano Antártico

der Antarktische Ozean

el Océano Ártico

der Arktlsche Ozeaıı

el polo norte

dcr Nordpol

el polo sur

der Südpol

la Antártida

die Antarktis

la Tierra

die Erde

la tierra

das Land

el mar

das Meer

la isla

die Insel

la nación

die Nation

el estado

der Staat

la esfera

das Ziffernblatt

la manecilla de las horas

der Stundenzeiger

el minutero

der Minutenzeiger

el segundero

der Sekundenzeiger

¿Qué hora es?

Wie spät ist es?

el día

der Tag

la hora

die Zeit

ahora

jetzt

el reloj digital

die Digitaluhr

el minuto

die Minute

la hora

die Stunde

la semana
die Woche

lunes
der Montag

miércoles
der Mittwoch

viernes
der Freitag

martes
der Dienstag

jueves
der Donnerstag

sábado
der Samstag

domingo
der Sonntag

ayer

gestern

hoy

heute

mañana

morgen

la mañana

der Morgen

el mediodía

der Mittag

la tarde

der Abend

MO	TU	WE	TH	FR	SA	SU
1	2	3	4	5	6	7
8	9	10	11	12	13	14
15	16	17	18	19	20	21
22	23	24	25	26	27	28
29	30	31	1	2	3	4

los días hábiles

die Arbeitstage

MO	TU	WE	TH	FR	SA	SU
1	2	3	4	5	6	7
8	9	10	11	12	13	14
15	16	17	18	19	20	21
22	23	24	25	26	27	28
29	30	31	1	2	3	4

el fin de semana

das Wochenende

la lluvia
der Regen

el arco iris
der Regenbogen

la nieve
der Schnee

el viento
der Wind

la primavera
der Frühling

el otoño
der Herbst

el verano
der Sommer

el invierno
der Winter

4.APRIL	11°	☀
5.APRIL	4°	☁
6.APRIL	13°	⛆
7.APRIL	8°	☀
8.APRIL	10°	☀

el pronóstico meteorológico

die Wettervorhersage

el termómetro

das Thermometer

el termómetro

la luz del sol

der Sonnenschein

la nube

die Wolke

la niebla

der Nebel

la humedad

die Luftfeuchtigkeit

el rayo

der Blitz

el trueno

der Donner

la tormenta

der Sturm

el granizo

der Hagel

el monzón

der Monsun

la inundación

die Flut

el hielo

das Eis

enero

der Jänner

febrero

der Februar

marzo

der März

abril

der April

mayo

der Mai

junio

der Juni

julio

der Juli

agosto

der August

septiembre

der September

octubre

der Oktober

noviembre

der November

diciembre

der Dezember

las formas
die Formen

el círculo

der Kreis

el cuadrado

das Quadrat

el rectángulo

das Rechteck

el triángulo

das Dreieck

la esfera

die Kugel

el cubo

der Würfel

blanco

weiß

amarillo

gelb

naranja

orange

rosa

pink

rojo

rot

violeta

lila

azul

blau

verde

grün

marrón

braun

gris

grau

negro

schwarz

mucho / poco
....
viel / wenig

enojado / tranquilo
....
wütend / friedlich

lindo / feo
....
hübsch / hässlich

el principio / el fin
....
der Anfang / das Ende

grande / chico
....
groß / klein

claro / oscuro
....
hell / dunkel

el hermano / la hermana
....
der Bruder / die Schwester

limpio / sucio
....
sauber / schmutzig

completo / incompleto
....
vollständig / unvollständig

el día / la noche
....
der Tag / die Nacht

muerto / vivo
....
tot / lebendig

ancho / angosto
....
breit / schmal

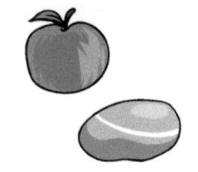

comestible / no comestible

....

genießbar / ungenießbar

malo / amable

böse / freundlich

entusiasmado / aburrido

aufgeregt / gelangweilt

gordo / flaco

....

dick / dünn

primero / último

....

zuerst / zuletzt

el amigo / el enemigo

....

der Freund / der Feind

lleno / vacío

....

voll / leer

duro / blando

....

hart / weich

pesado / liviano

....

schwer / leicht

el hambre / la sed

....

der Hunger / der Durst

enfermo / sano

....

krank / gesund

ilegal / legal

....

illegal / legal

inteligente / estúpido

....

gescheit / dumm

izquierda / derecha

....

links / rechts

cerca / lejos

....

nah / fern

nuevo / usado
neu / gebraucht

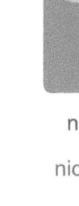

nada / algo
nichts / etwas

viejo / joven
alt / jung

encendido / apagado
an / aus

abierto / cerrado
offen / geschlossen

silencioso / ruidoso
leise / laut

rico / pobre
reich / arm

correcto / incorrecto
richtig / falsch

áspero / suave
rau / glatt

triste / contento
traurig / glücklich

corto / largo
kurz / lang

lento / rápido
langsam / schnell

mojado / seco
nass / trocken

caliente / frío
warm / kühl

guerra / paz
der Krieg / der Frieden

los opuestos - die Gegenteile

0	**1**	**2**
cero	uno	dos
null	eins	zwei
3	**4**	**5**
tres	cuatro	cinco
drei	vier	fünf
6	**7**	**8**
seis	siete	ocho
sechs	sieben	acht
9	**10**	**11**
nueve	diez	once
neun	zehn	elf

12
doce

zwölf

13
trece

dreizehn

14
catorce

vierzehn

15
quince

fünfzehn

16
dieciséis

sechzehn

17
diecisiete

siebzehn

18
dieciocho

achtzehn

19
diecinueve

neunzehn

20
veinte

zwanzig

100
cien

hundert

1.000
mil

tausend

1.000.000
el millón

Million

los números - die Zahlen

los idiomas
die Sprachen

el inglés

Englisch

el inglés americano

Amerikanisches Englisch

el chino mandarín

Chinesisch (Mandarin)

el hindi

Hindi

el español

Spanisch

el francés

Französisch

el árabe

Arabisch

el ruso

Russisch

el portugués

Portugiesisch

el bengalí

Bengalisch

el alemán

Deutsch

el japonés

Japanisch

yo

ich

vos

du

él / ella

er / sie / es

nosotros

wir

ustedes

ihr

ellos

sie

¿quién?

Wer?

¿qué?

Was?

¿cómo?

Wie?

¿dónde?

Wo?

¿cuándo?

Wann?

el nombre

Name

detrás

hinter

en

in

adelante de

vor

por encima de

über

sobre

auf

debajo de

unter

al lado de

neben

entre

zwischen

el lugar

der Ort